Kennst du ...?

Martin Luther

Ein Bilderbuch zum Selbstgestalten

von
Michael Landgraf

mit Illustrationen von
Claudia Held-Bez

Calwer – RPE – VSP

Eine Entdeckungsreise in Bildern

Wenn du das Buch gelesen hast, kannst du zu jedem Bild eine Geschichte erzählen.

①

②

③

④

⑤

⑥

⑦

⑧

⑨

⑩

Kennst du ...?

Martin Luther

Wieso gibt es evangelische Christen?
Woran erinnert der Name der Luther-Straße oder der Luther-Kirche?
Warum feiert man am 31. Oktober den Reformationstag?

Um hierzu etwas sagen zu können, muss man Martin Luther kennen. Vor 500 Jahren hat er das Leben vieler verändert. Bei einer Umfrage sagten Zeitungsleute aus aller Welt, er sei sogar einer der drei wichtigsten Menschen der letzten 1000 Jahre.

Wer war also dieser Mann?
Was hat er gedacht und getan?
Warum erinnert man sich heute noch an ihn?

In diesem Buch findest du Antworten.
Du kannst selbst die Erzählung über Martin Luther lesen und erfährst vieles über die Zeit vor 500 Jahren.
Bilder von damals und heute erleichtern das Verstehen.
Hinweise regen an, dass du für dich selbst oder mit anderen über manches nachdenken kannst.

Übrigens kannst du das Buch selbst gestalten – es anmalen oder etwas einkleben, so, wie es dir gefällt!

Martin hat Ängste

Martin Luther wird am 10. November 1483 in der Stadt Eisleben geboren. Am Tag darauf, am Martinstag, wird er getauft.

Martins Eltern heißen Hans und Margarete. Hans kauft in Mansfeld ein Bergwerk. Er verdient damit viel Geld. Nur deswegen kann Martin die Schule besuchen – zuerst in Mansfeld, dann in Magdeburg und Eisenach.

Seine Eltern und Lehrer sind sehr streng. Zur Strafe wird man mit einer Rute geschlagen. Für eine falsche Antwort bekommt man einen Eselskopf aufgesetzt. Martin hat große Angst.

☞ *Du kannst um Martin Farben malen, die für dich Angst ausdrücken.*

Die Angst vor Gott

Martin hat auch Angst vor Gott.
Er glaubt, wie viele Menschen damals:
Gott ist wie ein strenger Richter.
Alle Taten zählt er nach dem Tod zusammen. Wer im Leben gut war, kommt in den Himmel. Wer nicht, muss eine Zeit in einem Feuer, dem Fegefeuer, büßen.
Oder er kommt direkt in die Hölle.
Martin fragt sich jeden Tag:
„Wie muss ich für meine Fehler büßen?"

☞ *Das Bild stammt aus der Zeit Martins. Die Lilie links neben Jesus bedeutet Vergebung, das Schwert steht für Strafe. Was kannst du noch entdecken?*

☞ *Wenn man oft ein Bild wie dieses sieht ...*

☞ *Was denkst du über Gott? Schreibe oder gestalte: Gott ist für mich wie ...*

Das Versprechen

Im Jahr 1505 studiert Martin in Erfurt. Sein Vater will nämlich, dass er ein Richter oder Berater des Fürsten wird.
Doch es kommt anders.

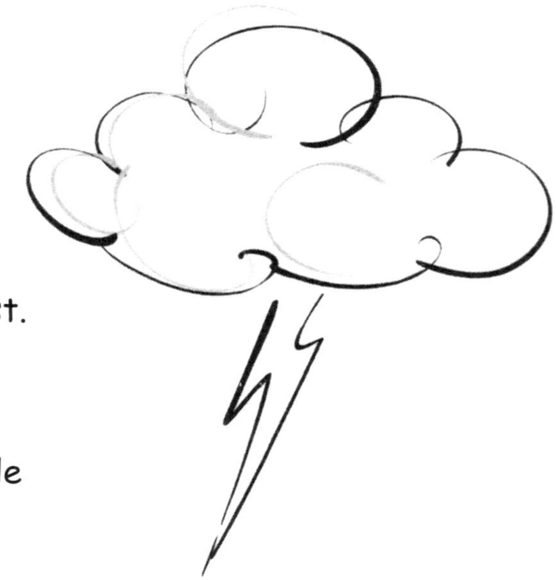

Martin wandert von Mansfeld nach Erfurt.
Plötzlich kommt ein Gewitter. Ein Blitz schlägt neben ihm ein. Verzweifelt ruft er:
„Heilige Anna, hilf mir! Dann will ich Mönch werden!"
Martin überlebt und nimmt das Versprechen sehr ernst.
Er glaubt: „Wenn ich es nicht halte, straft mich Gott."
So geht er in das Augustiner-Kloster von Erfurt.

Seinem Vater gefällt das nicht. Viel Geld hat die Schule gekostet. Und nun will Martin nur ein Mönch werden?
Doch Martin lässt sich nicht umstimmen.

☞ *So ein Versprechen wäre für mich …*

Martin wird Mönch

Als Mönch muss Martin ein einfaches Gewand anziehen.
Er rasiert sich die Haare, geht betteln und schläft
in einer Kammer ohne Heizung.
Jeden Morgen um 3 Uhr steht er auf und betet.
Täglich besucht er siebenmal den Gottesdienst.
Jede kleine Schuld muss er beichten.

Das alles tut er, damit Gott ihn nicht straft.
Aber er findet keine Ruhe.

☞ *Ohne Ruhe ist man ...*

Reise nach Rom

Martin wird Priester. Sein Vater besucht seinen ersten Gottesdienst und versöhnt sich mit ihm. Doch er fragt sich: „Ist mein Sohn wirklich glücklich?"

Weil Martin klug ist, darf er Theologie studieren.
Man schickt ihn nach Rom. Dort entdeckt er, wie reich die Kirche ist. In Rom will man sogar die größte Kirche der Welt bauen – den Petersdom.
Dafür braucht man noch mehr Geld.
Das will man von den Gläubigen holen. Für Geld soll sich jeder vom Fegefeuer freikaufen können. Das nennt man „Ablass".
Martin ist verwirrt. Ist das richtig? Wie soll das gehen?
Wie kann Geld für die Kirche so wichtig sein?

☞ *Martin ist verwirrt, weil ...*

Die Entdeckung

Martin wird im Jahr 1512 Professor in Wittenberg.
Er lehrt über die Bibel und liest viel in ihr. Da entdeckt er:
Die Bibel spricht anders von Gott als die Kirche.
Er findet Geschichten und Sprüche, die sagen: Gott ist barmherzig, wie ein liebender Vater. Man muss sich nicht seine Liebe kaufen – weder mit einem Leben als Mönch noch mit Geld.
Gott kann vergeben, auch ohne dass man etwas dafür tut.
Im Gottesdienst und an der Universität erzählt er von seiner Entdeckung.

☞ *„Diese Entdeckung öffnete mir die Tür zum Paradies", sagt Martin später. Damit meint er wohl ...*

Gegen den Ablass

Nun tauchen auch hier Ablasshändler auf. Einer von ihnen, Johann Tetzel, ruft: „*Wenn das Geld im Kasten klingt, die Seele aus dem Fegefeuer in den Himmel springt.*" Selbst Arme zahlen viel Geld für einen Ablassbrief. Beim Beichten sagen Leute zu Martin: „Du musst mir vergeben. Ich habe doch einen Ablassbrief!" Martin widerspricht: „Gott allein kann vergeben. Man kann sich nicht freikaufen!"

Am 31. Oktober 1517 hat Martin genug. Er hängt 95 Thesen, also Streitsätze, an die Kirchentür in Wittenberg. Darauf stehen seine Gedanken über Gott und den Ablass. Freunde verbreiteten sie überall.

☞ *Ein Streitsatz könnte lauten …*

Gegen Papst und Kaiser

Papst Leo in Rom hört von Martin. Er lässt ihn in Augsburg verhören. Martin soll seine Meinung ändern. Das tut er nicht. So wird er aus der Kirche ausgestoßen. In Heidelberg stellt er Professoren und Studenten seine Entdeckung vor. Hier gewinnt Martin viele Freunde.

Im Jahr 1521 befiehlt der Kaiser: Martin soll nach Worms kommen. Alle wichtigen Leute im deutschen Reich kommen zum Reichstag. Martin soll seine Gedanken vorstellen und sagt: *„Ihr müsst mir in der Bibel zeigen, dass ich Unrecht habe."* Am Ende muss er sagen: *„Ich kann mich nicht gegen mein Gewissen stellen. Gott helfe mir! Amen!"*

☞ *Wenn einem sein Gewissen etwas sagt ...*

Auf der Wartburg

Der Kaiser erklärt Martin für vogelfrei. Das meint: Er hat nun keine Rechte mehr. Man darf ihm alles wegnehmen und ihn sogar umbringen. Keiner darf ihm Essen geben. Wer ihm hilft, wird eingesperrt.

Doch Martins Landesherr Friedrich der Weise findet seine Gedanken richtig. So wird Martin auf der Wartburg bei Eisenach versteckt.
Dort nennt man ihn „Junker (Jungritter) Jörg".
Er trägt einen Bart, damit niemand ihn erkennt.

☞ *Finde den richtigen Weg zur Wartburg.*

☞ *Martin ist verschwunden.*
Nun kann vielleicht passieren …

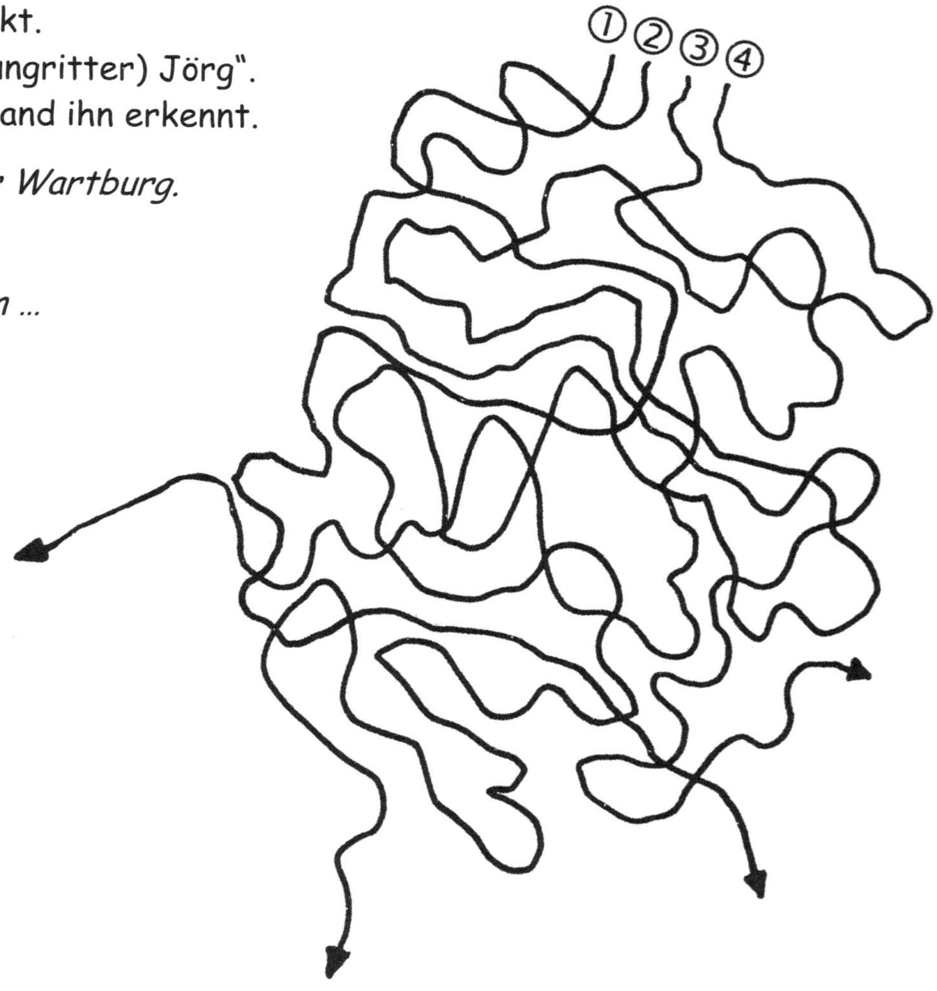

Die Bibel übersetzen

Alle sollen die Bibel verstehen. So übersetzt Martin auf der Wartburg das Neue Testament ins Deutsche. Das Buch erscheint im Jahr 1522 und ist gleich ausverkauft. Immer wieder wird es neu gedruckt. Am Anfang des Neuen Testaments stehen die „Evangelien". Der Name bedeutet: „Gute Nachricht". Bald nennen sich Martins Anhänger „evangelisch".

Im Jahr 1534 ist die ganze Bibel übersetzt. Bis zum Ende seines Lebens verbessert Martin mit Freunden den Text. Er prüft immer wieder, ob alle auch die Worte verstehen.

☞ *Martin sagt, beim Übersetzen muss er „den Leuten aufs Maul schauen". Damit meint er ...*

Die Kirche erneuern

Unruhe herrscht. Bilder, Figuren und Kreuze werden in Kirchen zerstört. Trotz der Gefahr eilt Martin nach Wittenberg. Er sagt: „Wir verändern die Kirche ohne Aufruhr!"

Martin will eine „Reformation", das heißt eine wirkliche „Erneuerung" der Kirche.
Alle in der Gemeinde sollen wie Priester sein und mitbestimmen können. Die Predigt soll man auf Deutsch halten, damit jeder sie versteht.
Beim Abendmahl gibt es den Wein für alle.
Man soll Arme und Kranke versorgen und Schulen bauen.

☞ *Erneuerung der Kirche heißt also für Martin, ...*

Schulen für alle

Martin schreibt Briefe an Fürsten und Bürgermeister.
Überall sollen Schulen entstehen.
Alle Evangelischen sollen lesen lernen, damit sie die Bibel verstehen und in der Gemeinde mitreden können.
Jungen und auch Mädchen sollen die Schule besuchen.

Damit jeder den evangelischen Glauben kennt, schreibt Martin einen „Katechismus".
Das ist ein Lehrbuch über den Glauben.

☞ *Ohne Schule würde mein Leben so aussehen ...*

☞ *In einem Lehrbuch über den Glauben müsste für mich stehen ...*

Martin und Katharina

Priester wie Martin dürfen damals nicht heiraten.
Doch er erkennt: Alleine zu leben, ist nicht gut.
So rät er: Evangelische Pfarrer sollen heiraten.
Er selbst heiratet im Jahre 1525 Katharina von Bora.
Zuvor war sie eine Nonne und lebte im Kloster.
Sechs Kinder bekommen die beiden.

Mit Katharina kann Martin alles besprechen, denn sie ist klug.
Zu Hause hat sie alles im Griff und kümmert sich um das Geld.
Martin nennt sie deshalb liebevoll „Herr Käthe".
Oft lädt er Leute ein und bespricht mit ihnen Fragen des Lebens.
Katharina kümmert sich um die vielen Gäste im Haus.

☞ *Ich würde Martin fragen ...*

Martin und Philipp

Philipp Melanchthon ist ein wichtiger Freund Martins.
Eigentlich ist sein Nachname „Schwartzerdt". Doch damals ist es üblich, den Namen ins Griechische zu übersetzen.
Philipp ist Professor für alte Sprachen. Daher kann er Martin beim Übersetzen der Bibel gut helfen.
Er schreibt Schulbücher und Pläne für den Unterricht.
Und er hilft Städten und Fürsten, Schulen zu gründen.

Weil Martin vogelfrei ist, vertritt ihn Philipp. Auf dem Reichstag im Jahr 1530 in Augsburg kommen der Kaiser und die wichtigen Leute im Reich zusammen. Philipp trägt ihnen vor, was die Evangelischen glauben. Dieses „Augsburger Bekenntnis" ist noch heute für die Anhänger Luthers eine wichtige Schrift.

☞ *Ein Freund wie Philipp ist für Martin wichtig, weil ...*

Die Nachtigall aus Wittenberg

Martin macht gerne Musik und schreibt Lieder.
So nennt man ihn auch „Wittenberger Nachtigall".
Musik ist für ihn ein „himmlisches Werk". Er sagt:
Durch Musik kann man die Bibel besser verstehen.

Martin liest im Psalm 46: „Gott ist wie eine Burg."
Im Wirtshaus hört er eine Melodie. Daraus macht
er das Lied „Ein feste Burg ist unser Gott".
Man singt es noch heute am 31. Oktober,
dem Reformationstag.

Musik hilft Martin auch, Schmerz zu überwinden.
Seine Tochter Magdalena stirbt mit nur 13 Jahren.
Voller Trauer dichtet er das Lied „Vom Himmel hoch".

☞ *Das Lied „Vom Himmel hoch" kennt man heute ...*

☞ *Musik ist für mich ...*

Vom Himmel hoch,
da komm' ich her.
Ich bring' euch
gute neue Mär.
Der guten Mär
bring' ich so viel.
Davon ich sing'n
und sagen will.

Die Lutherrose

Martin wählt sich ein Zeichen – die **Lutherrose**.
Das **Kreuz** ist schwarz. Es erinnert an Jesus,
der für die Menschen gestorben ist.
Das **Herz** ist rot wie Blut. Es sagt:
Wir sollen Gott im Herzen haben.
Die **Rose** ist weiß, wie die Farbe der Engel Gottes.
Der **äußere Ring** ist golden. Wie Gottes Liebe
hat er keinen Anfang und kein Ende.
Zwischen der weißen Rose und dem goldenen Ring
ist es blau, wie der Himmel, der die Welt umspannt.

☞ *Male die Lutherrose wie oben beschrieben aus.*

Martin stirbt

Es gibt Streit in Martins Heimatstadt Eisleben.
Er will den Streit schlichten.
Im Februar 1546 macht er sich auf die Reise.
Es ist bitterkalt, und es stürmt und schneit.
Martin wird schwer krank. Bald stirbt er.

Man bringt seinen Leichnam nach Wittenberg.
In der Schlosskirche wird er beerdigt - dort, wo er im Jahre 1517 seine 95 Thesen angeschlagen hat.
Nach Martins Tod leben seine Ideen weiter.

☞ *Ideen können weiterleben, wenn ...*

Martin ist nicht allein

Mit Martin Luther gibt es auch andere „Reformatoren", also „Erneuerer" der Kirche. **Philipp Melanchthon** ist einer von ihnen. Weitere sind …

Johannes Bugenhagen ist Martins Seelsorger.
Als Reformator kümmert er sich um den Norden Deutschlands.
Er übersetzt die Bibel in die Sprache der Norddeutschen, das „Niederdeutsche".

Martin Butzer verändert die Kirche im Südwesten Deutschlands.
Er ist Pfarrer in Hessen, in der Pfalz und in Straßburg.
Auch in England hilft er, die Kirche zu erneuern.
Martin Butzer ist der Erfinder der Konfirmation.

Johannes Brenz verändert die Kirche in Württemberg.
Er berät Fürsten, wie man die Reformation umsetzt.
Auch er schreibt einen Katechismus, ein Lehrbuch des Glaubens.

Huldrych Zwingli verändert die Kirche in Zürich und in der Schweiz. Er ist gegen Bilder in der Kirche und sagt: „Nichts soll von der Bibel ablenken." Auch er übersetzt die Bibel. Seine „Zürcher Bibel" gibt es noch heute. Mit Martin streitet er über das Abendmahl.

Johannes Calvin verändert die Kirche in Genf und in der Schweiz. Seine Lehre verbreitet sich in Deutschland, Frankreich, England, Holland und Amerika. Wie bei Zwingli darf bei ihm nichts von der Bibel ablenken. Menschen sollen ganz nach Gottes Willen leben.

Gegeneinander

Martin will die Kirche verändern und keine neue gründen.
Doch die Kirche teilt sich. Evangelische Kirchen entstehen.
Und es entsteht die „römisch-katholische" Kirche.

Lange bestimmt jeder Herrscher, was seine Untertanen glauben sollen.
Wer einen anderen Glauben hat, muss das Land verlassen.
Sogar Kriege werden geführt. Der Schlimmste dauert 30 Jahre.
Bis vor 50 Jahren trennte man evangelische und katholische Kinder
in manchen Schulen sogar noch auf dem Schulhof.

☞ *Wenn man Menschen voneinander trennt …*

Evangelische Kirchen heute

31
Oktober
Reformationstag

Über zwei Milliarden Christen gibt es weltweit. Über 600 Millionen davon sind evangelisch. Die meisten leben in Nordamerika, Australien, Afrika und in Nordeuropa. In Deutschland gibt es rund 25 Millionen evangelische Christen. Für sie ist die Bibel besonders wichtig.
Am 31. Oktober, am Reformationstag, erinnert man sich an Martin Luther - und wie alles in der evangelischen Kirche angefangen hat.

Doch die Evangelischen sind nicht alle gleich. Es gibt Unterschiede:
Lutheraner halten sich an die Bibel und an die Lehre von Martin Luther. Ihre Gottesdienste dauern länger, und das Abendmahl ist ihnen wichtig.
Reformierte sagen: Nichts darf von der Bibel ablenken. Daher sind Kirchen kaum geschmückt. Das Abendmahl ist weniger wichtig, und Gottesdienste sind kürzer.
Unierte (Vereinigte) evangelische Kirchen haben sich aus Lutheranern und Reformierten zusammengeschlossen.
Freikirchen sagen: Die einzelne Gemeinde ist besonders wichtig. Sie heißen Baptisten, Methodisten, Mennoniten oder Freie Christengemeinden. Kinder werden in manchen Freikirchen erst getauft, wenn sie sich für den Glauben selbst entscheiden können.

Miteinander

Viele Kirchen gehen heute einen gemeinsamen Weg und wollen miteinander auskommen.
Das nennt man Ökumene. Dafür gibt es ein gemeinsames Zeichen: Das Schiff mit dem Kreuz.

OIKOUMENE

☞ *Ein Zeichen, das ich mir für ein Miteinander auch vorstellen kann, das wäre ...*

Wie war das noch?

Du kannst nun überprüfen, ob du alles behalten und verstanden hast.

☞ **Die Bilder** zeigen folgende Personen:   

....

☞ Wichtige **Jahreszahlen sind** ...

Martins Geburt: **14** _ _ (S. 4), im Kloster: **15** _ _ (S. 6), die 95 Thesen: **15** _ _ (S. 10), Übersetzung des Neuen Testaments: **15** _ _ (S. 12), Martins Tod: **15** _ _ (S. 20).

Erkläre, was du gelesen hast:

- Reformation bedeutet ...
- Martin geht ins Kloster, weil ...
- Martins Entdeckung ist ...
- Papst und Kaiser reagieren darauf ...
- Auf der Wartburg ...
- In der Kirche wird verändert ...
- Das Wichtigste für die Evangelischen ist ...

Einen Zeitungsartikel über Martin Luther schreiben
Stelle dir vor, du arbeitest bei einer Zeitung. Martin Luther ist gerade gestorben. Du sollst einen Artikel über ihn schreiben ...

Meine Streitsätze (Thesen)
Martin Luther erkennt ein Problem und traut sich, allen davon zu erzählen.
Er schreibt Streitsätze auf, damit die Welt sich ändert.
Was muss sich deiner Meinung nach ändern? Schreibe selbst Streitsätze auf und besprich sie mit anderen.